신앙 생활의 첫 걸음

Begin to walk with faith

KB206017

시작하며

믿음은 바라는 것들의 실상이요 보이지 않는 것들의 증거라고 히브리서 기자는 이야기하고 있습니다(히브리서 11:1). 그 말은, 우리의 믿음은 확실한 증거가 있기에 혹은 눈에 보이는 것이 있기에 신뢰한다는 것이 아니라 믿음 자체가 증거요 실상이라는 뜻입니다. 눈에 보이고 손에 잡히는 증거가 있다면 믿는다고 표현될 수 없습니다. 믿음은 증명과는 다릅니다. 하나님이 존재하신다는 것을 과학적으로 증명하는 것은 불가능합니다. 그분은 과학의 영역인 물리세계에 속하신 분이 아닌, 물질과 과학을 초월하신 영이시고 나아가 그것을 만드신 창조주이십니다. 그렇기에 우리는 과학으로 하나님을 탐구하려 하지 않습니다. 과학으로는 하나님을 알 수 없습니다.

그렇다면 우리는 하나님을 어떻게 알고 믿을 수 있을까요? 다시 믿음에 대해서 생각해봅시다. 우리가 친구들을 믿는다고 말할 때 그것은 무엇을 의미합니까? 아마 여러 가지 의미가 있을 것입니다. 그 친구가 나를 속이지 않는 성품을 가졌음을 믿을 것이고, 또 그 친구가 나를 배신하지 않을 것임을 믿을 수도 있습니다. 가장 기본적으로는 그 친구가 나에게 거짓말하지 않을 것을, 즉 그 친구가 하는 말은 진실임을 믿는데서 믿음이 시작될 것입니다. 생각해보면 믿음은 말에서 시작됩니다. 거짓말 잘 하고 허풍이 심한 친구는 믿지 못할 친구며, 반대로 언제나 진실만을 이야기하고 과장이 없는 친구는 믿을만한 친구입니다.

우리가 하나님을 믿는 것도 마찬가지입니다. 우리의 믿음은 하나님의 말씀에 대한 것입니다. 하나님이 우리에게 거짓말하지 아니하시고, 하나님이 하신 말씀은 지금까지 항상 이루어져 왔으며, 앞으로도 영원히 하나님의 말씀은 이루어질 것입니다. 하나님에 대한 믿음은 어떤 감정이나 느낌이 아니라 하나님의 말씀에 대한 신뢰입니다.

그렇다면 하나님은 어떻게 우리에게 말씀하시나요? 우리는 신구약 성경 66권이 우리에게 주신 하나님의 말씀임을 믿습니다. 하나님은 천지를 창조하신 후에 숨어계시는 분이 아니십니다. 그분은 태초에는 아담과 하와에게 내려오셔서 말을 거셨던 분이시고 노아, 아브라함, 이삭, 야곱, 요셉, 모세 등 자신의 사랑하시는 백성에게 항상 말씀하셨던 분이십니다. 그리고 지금은 성경을 통해서 우리들에게도 말씀하십니다. 하나님은 우리들이 자신의 말씀을 듣기를, 또한 그 말씀에 순종하기를 원하십니다.

이제 이 책과 함께, 바로 그러한 하나님의 말씀을 통해 우리가 가장 기본적으로 믿어야 할 것이 무엇인지에 대해서 살펴보려고 합니다. 사실 믿음의 세계는 무척이나 넓고 심오합니다. 보다 깊은 차원의 신학적 수준에선, 일반 철학과 학문을 훌쩍 뛰어넘을 정도로 방대하고 복잡한 여러 가지 논쟁, 이론, 주장 등이 쌓여 있습니다. 그러나 이 책에서는 그런 것들은 뒤로 하고 우리가 하나님을 믿고 구원을 받기 위해서 가장 필요하고 핵심적인 내용들만을 살펴보려 합니다. 이미 믿음이 있는 분들에게는 그 믿음을 정리하기 위해, 처음 믿는 분들에게는 믿음이 무엇인지를 알려드리기 위해 이 책이 유용하게 사용되리라 생각합니다. 지금부터 우리 함께 믿음의 여행을 시작합시다.

Contents

하나님은
누구십니까?

하나님에 대해서 알아보기 이전에 우리가 먼저 기억해야 할 것이 있습니다. 그것은 하나님은 신이시고 창조주이시기에 우리가 그분에 대해서 모든 것을 알 수는 없다는 것입니다. 그것은 불가능합니다. 우리는, 오직 그분이 우리에게 알리시고자 하는 것만을 알 수 있습니다. 이렇게 하나님이 자신을 우리에게 알리시는 것을 계시라고 합니다. 하나님은 먼저 자연의 책으로 우리에게 자신을 알리셨습니다(로마서 1:18~25). 그러나 타락한 인간은 하나님을 바로 알려하지 않았습니다. 그래서 하나님은 자신의 택하신 자들에게 자신을 알리시기 위해 많은 선지자들과 사도들을 통해서 성경을 우리에게 주셨습니다. 그러므로 우리는 오직 성경에 기록된 만큼만 하나님을 알 수 있습니다.

창조주 하나님

성경이 하나님에 대해서 우리에게 가르쳐주는 첫 번째 사실은 하나님은 창조주시라는 것입니다. 하나님은 하늘과 땅을 만드신 분이십니다. 성경은 바로 그것을 선포하면서 시작합니다(창세기 1:1). 태초에 하나님이 천지를 창조하셨다는 것이 성경의 첫 선언이며 가르침입니다. 창조론과 진화론의 오랜 논쟁은 잠시 뒤로 미루고, 성경의 가르침을 따라가면서 하나님이 어떤 분이신지에 집중합시다.

하나님은 태초에 천지를 창조하셨습니다. 그때는 아직 시간도 만들어지지 않았고 공간도 존재하지 않는 오직 하나님의 존재 하나만을 제외하고는 완전한 무(無)의 상태였습니다. 하나님께서 천지를 창조하셨을 때 비로소 공간과 시간이 시작되었고 하나님 이외의 다른 것들이 존재하기 시작했습니다. 하나님은 그것들을 오직 자신의 능력있는 말씀으로 만드셨습니다. 하나님이 '빛이 있으라'고 선언하셨을 때 이제껏 존재하지 않았던 빛이 만들어졌습니다. 태초의 6일동안 하나님은 이 세상의 모든 것을 만드셨습니다. 하나님의 말씀에는 능력이 있어서 말씀하셨을 때에 그 모든 것이 즉시 이루어졌습니다.

날	성경구절	만들어진 것
첫째 날	창세기 1:3	빛, 낮과 밤
둘째 날	창세기 1:6~8	하늘
셋째 날	창세기 1:9~13	땅과 바다, 식물
넷째 날	창세기 1:14~19	해, 달, 별
다섯째 날	창세기 1:20~23	물고기, 새
여섯째 날	창세기 1:24~27	동물, 사람

6일동안 하나님이 창조하신 내용은 위의 표와 같습니다.

그리고 이 모든 날의 마지막 날에 하나님은 자신의 형상을 따라서 인간을 창조하셨습니다.

다스리시는 하나님

하나님은 태초의 6일간 세상을 창조하셨을 뿐 아니라 지금도 세상을 다스리시고 보존하시는 분이십니다. 그분은 태초에 세상을 창조하신 그분의 말씀으로 지금도 이 세상에 명령하고 계십니다. 그리고 그분은 전능하시고 변하지 않는 분이시기 때문에 그 말씀은 반드시 이루어지며, 그것은 또한 이 세상이 계속해서 존재하는 이유이기도 합니다. 이를 하나님의 섭리라고도 합니다(느헤미야 9:6).

어떤 사람들은 하나님이 이 세상을 '법칙'을 통해서 다스린다고 생각합니다. 즉 그들은 마치 스위스의 시계공이 뻐꾸기 시계를 만들어 태엽을 감고 추를 한번 들었다 놔주면 그 시계가 계속해서 스스로 움직이는 것처럼 하나님도 역시 태초에 이 세상을 만드시고 그 안에 법칙을 넣어두신 후 떨어지셔서 가만히 세상을 바라보고 계신다고 말합니다. 이런 생각을 이신론(理神論)이라고 합니다. 그러나 성경이 가르치는 하나님은 그런 분이 아니십니다. 그분은 시계를 만들어서 추를 흔들고 떨어져 바라보는 신이 아니라 매 순간 추를 붙잡고 흔드시는 분이십니다. 초침이 한 바퀴 돌 때마다 분침을 한 칸씩 옆으로 이동시키시는 분이시며 분침이 한 바퀴 돌 때마사 시침을 한 칸씩 이동시키시는 분이십니다. 그분은 세상을 만드셨을 뿐만 아니라 지금도 붙들고 계시고 다스리고 계십니다. 그분의 그 붙드심이 너무나도 확고하고 변하지 않기 때문에 그것이 인간들에게는 법칙으로 인식되는 것입니다(시편 119:89~91).

그렇다면 하나님은 어떤 방법으로 이 세상을 지금도 다스리고 계실까요? 그것은 태초에 세상을 창조하실 때와 마찬가지로 하나님의 말씀으로 다스리십니다. 태초에 빛이 있으라 말씀하신 하나님은 지금도 세상을 향하여 계속해서 말씀하시고 명령하십니다. 이 세상은 하나님의 그 말씀에 근거하여 존재를 유지할 수 있습니다. 또 우리의 육체와 우리의 삶도 그분의 말씀에 근거해서 유지되고 있습니다(히브리서 1:3). 우리를 향하신 하나님의 그 말씀, 그 관심과 사랑이 한순간이라도 중단된다면 우리의 존재는 무로 돌아가게 될 것입니다. 하나님은 변치 않으시고 신실하셔서 우리에 대한 사랑과 관심을 놓지 않으십니다.

하나님은 온 땅과 모든 피조물의 창조주이시며 주인이십니다. 그분은 자신의 영광을 위해서 능력으로 모든 피조물을 다스리십니다. 그분의 다스리심에

저항할 수 있는 것은 아무것도 없으며, 그분이 다스리시는 방식에 반대할 수 있는 권리를 가진 존재는 아무것도 없습니다. 그분이 주인이시기 때문입니다.

하나님의 성품

다음으로 성경에서 가르치는 우리가 하나님에 대해서 알아야 할 것은 그분의 성품입니다. 하나님은 이신론에서 주장하는 어떤 이치나 법칙이 아니며, 감정이나 인격이 없는 기계적인 존재도 아닙니다. 하나님은 인격적 존재이며 감정과 성품을 지니고 계십니다. 그분은 지식과 감정과 의지를 가지신 분이십니다. 그분은 때로는 기뻐하시고 때로는 슬퍼하시며 때로는 분노하시고 때로는 즐거워하시는 분이십니다. 또한 그분은 여러 가지 성품을 가지신 분이십니다.

성경은 하나님의 성품에 대해서 그분의 존재, 지혜, 능력, 거룩, 의로우심, 선하심, 진실하심을 증거하고 있습니다. 그분은 확실히 존재하시며 (출애굽기 3:14), 지혜가 많으신 분이십니다(로마서 11:33-36). 그분의 지혜는 무한하고 끝이 없습니다. 그분에게는 능력이 있습니다(시편 62:11). 그분의 능력은 그분이 하시는 모든 말씀을 이루어지게 합니다. 그분은 거룩하십니다(요한계시록 15:4). 그분은 다른 모든 피조물과는 구별되는 거룩하신 창조주 하나님이십니다. 또한 그분은 의로우시며(신명기 32:4), 선하십니다(시편 100:5). 그분은 창조주 하나님이시기 때문에 그분의 의지야말로 가장 의로우시며 선하십니다. 그분의 의로우심과 선하심은 인간의 이

해를 초월합니다. 그리고 그분은 진실하십니다(히브리서 6:18). 그분의 말씀은 조금의 거짓도 없이 다 진실합니다.

그 외에도 다양한 하나님의 성품이 있지만 성경은 기본적으로 하나님을 이런 분으로 소개하고 있습니다. 이러한 하나님의 성품은 무한하고 영원하고 변치않습니다.

인간도 하나님의 형상을 따라서 지음 받았기에 그분의 이런 성품을 나누어 가지고 있습니다. 그러나 우리는 유한한 인간이고 신이 아니기 때문에 이런 성품들에 있어서 유한하고 한시적이며 변할 수 있는 존재입니다.

삼위일체 하나님

성경은 하나님이 한 분이시며 유일하다고 가르칩니다(이사야 45:21,22). 그런데 성경은 동시에 하나님에게 세 위격이 있다고 가르칩니다. 세 위격이란 성부 하나님, 성자 예수님, 성령 하나님이십니다. 사실 한 분이 세 분이며, 세 분이 한 분이라는 이 말은 우리 인간의 개념으로는 정확하게 이해하기 불가능합니다. 그러나 성경은 한 하나님이 계시며(신명기 6:4), 그 안에 세 위격이 존재한다고(마태복음 3:16,17) 가르치고 있습니다.

하나님은 유일하십니다(이사야 44:6). 흔한 하나님에 대한 오해가, 세상에 많은 신이 있고 그중 여호와 하나님이 가장 높으시며 위대하다는 생각입니다. 그러나 살아계신 하나님은 오직 한 분, 여호와 하나님, 우리가 믿는 하나님뿐입니다. 그밖에 다른 신은 없으며 신이라 여기는 모든 것은 다 거짓입니다(시편 115:4~7, 예레미야 10:11~15).

한 하나님 안에는 세 위격이 존재하십니다. 성부 하나님, 성자 예수님, 성령 하나님이십니다. 우리는 이 세 분이 어떻게 한 분이실 수 있는지 정확히 이해할 수 없으나 성경이 그렇게 가르치니 그렇게 믿습니다. 성경은 성부와 성자가 하나라고 가르칩니다(로마서 9:5). 또한 성부와 성령이 하나라고 가르칩니다(사도행전 5:3,4). 이 삼위는 한 하나님이시며 본질이 동일하시고, 영광과 권능이 동등하십니다.

비록 이 세 분이 하나라는 사실을 이해할 수 없으나 우리는 세 하나님이 각각 하시는 일은 알고 있습니다. 성부 하나님은 아버지이시며(신명기 32:6), 영원 전에 성자 예수님을 낳으셨고(히브리서 1:5), 창조의 주체가 되십니다(창세기 1:1). 성자 예수님은 성부 하나님과 함께 세상을 창조하셨으며(요한복음 1:3), 인류를 구원하시기 위해 이 땅에 내려오셨습니다(요한복음 1:29). 성령 하나님은 성부와 성자로부터 나오셨으며(요한복음 15:26), 예수님의 구원을 신자들에게 적용시키시며(요한복음 3:5), 신자들을 인도하십니다(요한복음 16:13).

이 세 분은 동등한 본질을 가지셨습니다. 성부 하나님과 성자 예수님이 동등하시며(요한복음 10:30), 성자 예수님과 성령 하나님이 동등하십니다(로마서 8:9). 또한 세 분은 권능과 영광이 동등하십니다(마태복음 28:19, 요한복음 17:5). 우리는 삼위일체 하나님을 믿습니다. 그리고 그분께 영광을 돌립니다.

결론. 하나님은 누구십니까?

하나님은 참되시며 살아계신 신이십니다. 그분은 자신의 능력으로 만물을 만드셨고 지금도 다스리십니다. 그분은 주인이자 왕이십니다. 피조물인 우리들은 하나님을 믿고 섬겨야 합니다. 우리는 피조물이기에 창조주 하나님에 대해서 완전히 아는 것은 불가능합니다. 창조하신 하나님을 다 알려고 하는 것은 어쩌면 교만일 수 있습니다. 하나님을 믿고 그 존재를 인정할 수 있는 것 자체가 하나님이 우리에게 주신 은혜임을 깨닫고 하나님을 찬양합시다.

1. 하나님이 살아계시며 창조주라는 사실을 어떻게 알 수 있을까요?

2. 하나님을 알기 위해서 어떻게 해야 할까요?

3. 하나님을 믿는 자로서 어떻게 행해야 할까요?

Memo

first week

인간은
누구입니까?

　　　　하나님은 엿새동안 세상의 모든 만물을 말씀으로 만드셨습니다. 그리고 그 모든 창조의 하이라이트는 인간이었습니다.

세상에는 인간이 누구인지를 알려주는 여러 가지 표현이 있습니다. '만물의 영장'이며 '생각하고', '도구를 사용하며', '말을 할 수 있고', '유희를 즐길줄 아는' 존재로 인간을 표현합니다. 이 모두는 다른 만물과는 구별되는 독특한 존재로서의 인간을 설명해 주는 표현들입니다. 그렇다면 성경은 인간을 어떤 존재로 표현하고 있을까요? 지금부터 함께 알아봅시다.

하나님의 형상을 따라서

성경이 인간에 대해서 첫 번째로 이야기하는 것은 인간은 하나님에 의해 창조된 존재라는 것입니다. 하나님은 그 능력의 말씀으로 모든 만물을 창조하셨습니다. 그러나 인간을 만드실 때는 다른 피조물들과는 전혀 다른 방법을 사용하셨습니다. 인간을 창조하시기 전에 먼저 삼위 하나님은 어떻게 창조하실지를 의논하셨고(창세기 1:26), 자신의 형상을 본따서 만드셨으며(27절), 복을 주셨습니다(28절). 또한 인간은 말씀이 아닌 땅의 흙으로 만드셔서 그 코에 생기를 불어 넣어 주셨습니다(창세기 2:7). 그리고 하나님은 그렇게 만드신 인간을 보시며 몹시 기뻐하셨습니다(창세기 1:31).

인간은 하나님의 형상을 따라서 지음받은 존재입니다. 그렇다면 이 형상이라는 말의 의미는 무엇일까요? 하나님에게 손과 발이 있고 얼굴과 몸이 있다는 말씀일까요? 그렇지 않습니다. 하나님은 영이시기 때문에(요한복음 4:24) 눈에 보이는 얼굴도 몸도, 손에 잡을 수 있는 손과 발도 없으십니다. 하나님의 형상으로 인간을 만드셨다는 말의 의미는 하나님의 성품, 하나님의 독특함을 닮은 존재로 인간을 만드셨다는 의미입니다. 하나님이 지성, 감정, 의지를 가지신 인격체이시듯이 우리 인간을 지성, 감정, 의지를 가진 인격체로 창조하셨습니다. 하나님은 1장에서 살펴본 자신의 일곱가지 성품을 우리에게도 나눠주셨습니다. 우리 인간은 하나님을 닮은 유일하고도 독특한 피조물입니다.

특별히 성경은 하나님의 형상 가운데서도 의와 진리와 거룩을 본따서 인간이 창조되었다고 가르칩니다(에베소서 4:24). 인간은 하나님과 세상에 대한 지식을 가진 존재로 창조되었습니다. 인간은 하나님을 따라 무엇이 의로운 것인지를 알고 그 의를 추구하는 존재로 창조되었습니다. 그리고 인간은 다른 모든 피조물들과는 다른 방법과 다른 의미를 가진 거룩한 존재로 창조되었습니다.

인간을 만드신 목적

이렇게 하나님의 형상을 따라 창조된 인간은 그 존재 자체로 고귀합니다. 하나님은 인간을 만드시고 그가 어떤 일을 행하기 이전에도 그를 보시며 기뻐하셨습니다.

인간은 그 존재 자체로 고귀하지만 하나님은 여기에 더해서 인간에게 인생의 목적을 주셨습니다. 그 목적이 우리의 삶을 더욱 풍요롭고 귀하게 만들어 줍니다. 하나님이 주신 목적을 알고 이를 위해 사는 사람이야말로 의미있는 인생을 사는 사람입니다. 하나님은 창조주시고 우리는 그분의 피조물이기 때문입니다. 그렇다면 하나님이 인간을 만드신 목적은 무엇일까요?

첫 번째로 인간은 하나님이 지으신 만물을 다스리기위해 창조된 존재입니다(창세기 1:28). 인간은 이 땅의 모든 피조물들이 하나님의 뜻에 순종하고 영광 돌리도록 관리해야 하는 의무를 가지고 있습니다. 우리 모두는 이 땅에서 하나님의 대리인입니다. 우리는 하나님을 대리해서 이 땅이 하나님 나라가 되도록 관리하며 죄로 얼룩진 만물을 회복시켜, 만물이 하나님의 영광을 향하게 해야합니다. 이것이 바로 우리가 공부하고 일하는 모든 영역에서 우리에게 맡겨진 일입니다.

두 번째로 우리 인간은 하나님의 영광을 위하여 창조된 존재입니다. 우리는 하나님의 형상을 닮아 지음받은 존재로서 하나님의 뜻에 따라 살 때 가장 큰 기쁨과 만족을 누릴 수 있습니다. 그리고 그 무엇보다도 우리를 통하여 하나님의 영광이 드러날 때 우리는 무엇과도 비교할 수 없는 즐거움을 얻습니다. 하나님은 우리를 자신을 찬송하도록 창조하셨다고 말씀하십니다(이사야 43:21). 우리는 주일날 드려지는 예배의 시간을 통해서 하나님을 찬양하기도 하지만 하나님의 뜻에 순종하는 삶을 통해서도 하나님께 영광을 돌릴 수 있습니다. 또 우리에게 맡겨진 직업에 최선을 다할 때 우리는 하나님께 영광을 돌릴 수 있습니다. 아무리 작은 일이라도 그 일에 하나님의 이름으로 최선을 다할 때 하나님은 영광받으십니다. 가령 청소부가 거리를 청소할 때도 하나님의 일이라는 인식을 가지고 누구보다도 열심히, 누구보다도 깨끗하게 거리를 청소한다면 이를 통해서 하나님은 영광을 받으십니다.

사실 하나님은 그 자체로 완전하신 분이라서 영광에 있어서도 부족함이 없으신 분이십니다. 우리가 하나님께 영광을 돌린다는 말은 우리의 활동을 통하여 부족한 하나님의 영광이 채워진다는 말도 아니고, 안그래도

완전한 하나님의 영광에 무엇인가를 더할 수 있다는 의미도 아닙니다. 피조물이고 불완전한 우리 인간은 아무리 애쓰고 노력해도 하나님의 영광을 위하여 무엇인가를 더하거나 빼는 것이 불가능합니다. 그렇다면 하나님께 영광을 돌린다는 것은 어떤 의미일까요? 그것은 달리 말하자면 하나님의 영광을 세상에 드러내는 것을 의미합니다. 하늘과 궁창이 하나님의 하신 일을 드러내고 선포하듯이(시편 19:1) 우리도 우리의 삶을 통해 하나님의 영광을 드러내야 합니다. 거울이 빛을 반사해서 세상을 비추듯이 우리도 하나님의 영광을 세상을 향해 반사하고 드러내야 합니다. 그것이 하나님께 영광 돌리는 방법입니다.

하나님의 약속

하나님은 모든 세상과 만물을 다스리시십니다. 그분은 천지의 모든 만물을 자신의 능력 있는 말씀을 통해서 다스리십니다. 그러나 오직 인간만은, 다른 방법을 통해서 다스리십니다. 바로 약속입니다.

하나님은 가장 먼저 지음받은 인간인 아담에게 한 가지 약속을 주셨습니다. 그것은 모든 나무 열매는 먹어도 되지만, 선악과만은 먹지 말라는 것이었습니다. 하나님은 만약 인간이 선악과를 먹는다면 반드시 죽는다고 말씀하셨습니다. 그리고 그 말씀을 역으로 생각해보면, 인간이 선악과를 따먹지 않는다면 인간의 생명을 하나님이 지켜주실 것이라는 약속이었다는 것을 알 수 있습니다.

그러나 인간은 하나님의 말씀을 거역하고 자신의 손으로 선악과를 따서 입으로 그것을 먹었습니다. 삶과 죽음 앞에서 인간은 죽음을 자기 스스로의 의지로 선택한 것입니다. 하나님은 인간을 지으실 때 지성, 감정, 의지를 가진 인격체로 만드셨습니다. 그렇게 하신 이유는, 하나님은 마치 로봇처럼 명령이 입력되면 자동으로 그것을 수행하는 존재가 아닌 자기 스스로 판단해서 자신을 섬길 존재를 원하셨기 때문입니다. 인간은 하나님의 말씀이 무엇인지 아는 지식과 그 말씀을 기뻐할 수 있는 감정과 그 말씀에 스스로 순종할 수 있는 의지를 가진 존재였습니다. 그러나 인간은 그 능력을 하나님의 말씀에 순종하기 위해서가 아니라 자신의 욕심을 채우기 위해서 사용했습니다. 먹음직도 하고 보암직도 하고 지혜롭게 할 만큼 탐스럽기도 한 그 과일 앞에서(창세기 3:6) 인간은 스스로 하나님이 되고자 하는 욕심을(창세기 3:5) 이길 수가 없었던 것입니다.

하나님의 약속을 거부한 대가는 혹독한 것이었습니다. 최초의 인간은 저주를 받고 그가 살고 있던 에덴동산에서 쫓겨났습니다. 이전에 하나님의 뜻에 순종하는 기쁨이었던 노동이 이제는 땀을 흘려야 하는 고통으로 바뀌게 되었습니다(창세기 3:19). 생육하고 번성하라는 하나님의 명령에 순종하는 일이었던 해산이 여자에게는 극도의 괴로움으로 바뀌게 되었습니다(창세기 3:16). 모든 피조물의 대표로 하나님의 약속을 받았던 인간이기에 인간의 타락과 저주는 땅에도 영향을 미치게 되었습니다. 땅은 엉겅퀴와 가시를 내게 되었고, 사자가 양을 잡아먹고, 독사가 아이를 무는 세상이 되어버렸습니다(창세기 3:17, 18).

그리고 그것만으로 끝이 아니었습니다. 모든 인간은 죄를 지을 수밖에 없는 존재가 되었습니다. 아담의 범죄는 이후 출생하는 모든 인류에게 전가되어서 자신의 죄로부터 피할 수 있는 사람이 아무도 없게 되었습니다. 우리는 어머니의 죄 가운데 잉태되어 죄악 가운데 출생하며(시편 51:5), 죄를 피하고 선을 택할 수 없는 존재가 되었습니다.

죽을 수 밖에 없는 인간

성경은 죄의 대가는 사망이라고(로마서 6:23) 우리에게 분명히 말씀하고 있습니다. 하나님처럼 되겠다는 인간의 욕심은 죄를 낳고 그 죄의 결과로 모든 인류는 죽게 되었습니다(야고보서 1:15). 한번 죽는 것은 사람에게 정해진 운명이고 그 후에는 모든 사람들에게 심판이 있습니다(히브리서 9:27). 우리는 모두 우리의 죄를 짊어지고 죽어야 합니다.

이 죽음의 원인은 하나님과의 단절입니다(에베소서 2:12). 욕심으로 선악과를 먹은 인간은 하나님과의 관계가 단절되어 하나님의 뜻이 아닌 육체의 욕심을 따라 살아가는 자가 되었습니다(에베소서 2:3). 하나님의 인간의 불경건과 불의에 대해서 반드시 진노하시며 벌하실 것이라고 말씀하십니다(로마서 1:18). 하나님과의 단절은 죽음을 불러 일으킵니다. 또한 죽음이 끝이 아니고 죽음 이후에 더한 형벌이 모든 인류를 기다리고 있습니다. 그것은 고통과 불과 멸망과 형벌이 영원히 계속될 지옥입니다(마태복음 25:41, 46, 요한계시록 14:9~11, 데살로니가후서 1:9). 모든 인간은 이러한 죄와 죽음에 빠져 있습니다. 자기 자신의 힘으로 스스로를 구원해서 죄와 죽음을 피할 수 있는 인간은 아무도 없습니다.

1. 1과에서 공부한 하나님의 성품을 다시 확인하고 나는 하나님의 어떤 성품을 가장 닮았는지, 또 어떤 부분이 가장 닮지 않았는지 생각해봅시다.

2. 하나님의 영광을 위하여 나에게 주어진 일은 무엇입니까?

3. 죄와 죽음에서 벗어나기 위해 우리에게 필요한 것은 무엇일까요?

3
third week

우리는 어떻게
구원받습니까?

2과에서 우리는 인간이 하나님의 피조물이지만 하나님을 배반하여 죄를 짓고 타락했음을 배웠습니다. 하나님을 거역하고 타락한 인간에게는 죽음과 영원한 형벌의 고통만이 기다리고 있을 뿐이었습니다. 그러나 자비로우신 하나님은 인간이 자신의 죄를 가지고 사망과 지옥의 형벌 받는 것을 모른 척하지 않으셨습니다. 죄를 지을 수밖에 없는 인간은 자신의 죄를 가지고 죽어야 했지만 하나님은 그들에게 은혜를 베풀기로 작정하셨습니다. 자신의 힘으로 자신의 죄에서 벗어날 수 없는 인간을 위해서 하나님은 구원자를 보내셨습니다. 그분이 바로 예수 그리스도이십니다. 이 과에서는 예수님이 누구신지, 그분이 어떤 일을 하셨고 우리가 어떻게 구원을 받는지 알아봅시다.

제2위 하나님이신 예수님

예수님은 삼위일체 중 두 번째 위의 하나님으로서 창조 때에 성부 하나님과 함께 온 세상을 창조하신 분이십니다. 성경은 예수님이 하나님이라는 사실을 여러 곳에서 증거합니다. 그분은 영원부터 존재하시던 분이시며(요한복음 8:58), 그 능력의 말씀으로 만물을 붙드시는 분이십니다(히브리서 1:3). 그분은 하나님이신 말씀이셨으며(요한복음 1:1), 만물은 그분으로 말미암아 창조되었습니다(요한복음 1:3). 그분은 우리가 믿어야 하는 하나님이시며(요한복음 14:1), 우리는 그분의 이름을 불러야 하고(고린도전서 1:2), 그분의 이름으로 세례를 받아야 합니다(마태복음 28:19). 예수님은 완전하신 하나님이십니다.

참된 인간이신 예수님

예수님은 하나님이실 뿐만 아니라 또한 완전한 사람이셨습니다. 그분은 성령으로 잉태되었지만 열 달 동안 마리아의 뱃속에서 자라서 보통의 인간과 마찬가지의 방법으로 태어나셨습니다(누가복음 2:5~7). 그분은 보통의 인간들과 마찬가지로 키와 지혜가 자라셨고(누가복음 2:52), 오래 금식하면 주리셨습니다(마태복음 4:2). 때로는 슬피 울기도 하셨으며(요한복음 11:35), 때로는 몹시 화를 내기도 하셨습니다(마태복음 21:12, 13). 십자가를 앞두고는 심히 고민하고 두려워하기도 하셨으며(마태복음 26:38), 십자가 위에서는 목마름에 괴로워하시기도 했습니다(요한복음 19:28). 그분은 실제적인 몸을 가지고 계셨으며 살과 뼈로 이루어진 참된 인간이셨습니다(누가복음 24:39).

예수님은 완전한 하나님이시자 완전한 인간이셨습니다. 그분은 50%의 신성과 50%의 인성을 가지신 하나님과 인간 사이의 어떤 존재가 아니라 100% 하나님이시자 100% 인간이신 존재였습니다.

구원자 예수님

참된 하나님이신 예수 그리스도께서 이 땅에 내려오신 이유는 우리의 죄를 대신 지시고 우리를 구원하시기 위해서였습니다. 2과에서 우리는 모든 인간이 죄인이며 죽어야 하는 존재이고, 자기 자신을 스스로 죄와 죽음에서 구원할 수 있는 자는 아무도 없다는 것을 배웠습니다. 우리에게는 능력이 없습니다. 우리는 구원자가 필요합니다. 그리고 예수님께서 바로 그것을 위하여 이땅에서 인간의 몸을 입고 내려오셨습니다.

예수님은 참된 하나님이시기 때문에 십자가에서 흘리신 그분의 피는 모든 인류를 구원하고도 남을 능력을 가지고 있습니다. 삼위일체의 제2위 하나님, 신이신 예수님의 죽음은 피조물에 불과한 모든 인류의 죽음과는 비교할 수 없는 가치를 가지고 있습니다. 그분의 죽음은 모든 인류의 죽음을 대신하는 것이고 하나님의 공의를 완전히 만족시킬 수 있는 정의였습니다. 또한 그분은 모든 인류를 대표하는 완전한 인간이셨기에 죽어야 하는 인간을 대신해서 죽으실 수 있으셨습니다. 모든 인류를 대표하는 아담이 범죄하여서 인간에게 죄와 죽음이 들어왔던 것처럼 모든 인류를 대표하는 둘째 아담인 예수님께서 십자가를 지심으로, 그분을 믿는 모든 자들에게는 영생이 주어지게 된 것입니다(히브리서 9:22).

그렇다면 우리에게 예수님 이외의 다른 구원자가 있을 수 있을까요? 성경은 그렇지 않다고 단호히 주장합니다. 성경은 다른 이름으로 구원을 받을 수 없으며 천하 사람 중에 구원을 받을 만한 다른 이름을 우리에게 주신 적이 없다고 단언합니다(사도행전 4:12). 오직 예수님의 이름을 믿을 때에만 죄와 죽음으로부터 구원을 받을 수 있습니다. 역사상 수없이 많은 사람이 자신이 구원자이며 자신을 따르면 죄와 죽음으로부터 자유로울 수 있다고 주장했습니다. 지금도 수없이 많은 이단과 그 교주들이 자신에게 길이 있다고 가르칩니다. 그러나 그런 모든 주장은 다 헛것입니다. 오직 예수님을 믿을 때에만 구원을 받을 수 있습니다.

예수님의 죽음과 부활과 재림

예수님은 제2위 하나님이시기에, 모든 하고자 하는 일들을 말씀만으로 이루실 수 있었습니다. 그러나 그분은 그렇게 하지 않으시고 뱀의 후손의 머리를 상하게 할 여자의 후손이라는 말씀 이후로 인류에게 복음을 주신 성부 하나님의 말씀에 철저히 순종하심으로 구원을 이루셨습니다. 그분은 먼저 철저히 낮아졌습니다. 신이신 그분은 인간의 몸을 입고 이 땅에 내려오셨습니다. 33년간의 인생을 사시면서 인간이 당할 수 있는 수많은 어려움을 겪으셨습니다. 죄는 없으시지만 평범한 인간과 똑같이 모든 일에 시험을 당하셨습니다(히브리서 4:15). 그리고 마침내 잡히셔서 채찍을 맞으시고 십자가에 달려 죽으셨습니다. 그리고 베드로 사도와 사도신경의 고백에 의하면 지옥에까지 내려가셔서 인간이 당하실 최대한의 고통을 모두 당하셨으며, 인간이 낮아질 수 있는 가장 낮은 자리까지 낮아지셨습니다(베드로전서 3:19).

그후 사흘만에 그분은 부활하셨습니다. 40일간은 제자들에게 보이셨다가 하늘로 승천하셔서 지금은 하나님의 오른편에 앉아 계십니다. 거기서 그분은 연약한 우리들을 위해서 하나님께 중보하는 제사장의 사명을 지금도 감당하고 계십니다.

그리고 언제일지 아무도 모르지만 그분은 반드시 다시 오실 것입니다. 예수님이 재림하시는 날, 그분이 잠자는 자들의 첫 열매가 되셨듯이 모든 사람들은 육체를 입고 다시 부활하게 될 것입니다. 그리고 살아생전에 예수님을 믿던 자들은 하나님 나라에서 영생을 얻게 될 것이며 예수님을 거부하고 자신을 위해서 살다가 죽은 자들은 지옥에 들어가 영벌을 받게 될 것입니다.

어떻게 구원을 받게 됩니까?

　모든 인간이 죄를 짓고 하나님의 영광에서 멀어져 죽어야 하는 존재가 되었음을 우리는 알고 있습니다. 그리고 오직 예수님만이 우리를 구원하실 수 있다는 사실도 알게 되었습니다. 그렇다면 우리는 어떻게 구원을 받게 됩니까?

　하나님은 구원받을 자들을 미리 선택하셨습니다. 사실, 모든 인류가 죄를 지었고 창조주이신 하나님을 배반했기 때문에 그들 모두가 죽음의 고통을 당해야 하는 것은 당연합니다. 지옥의 고통은 인간의 죄와 욕심에서 이유를 찾아야지 하나님으로부터는 찾을 수 없습니다. 하나님은 그런 인간들을 그냐 자기의 죄를 지고 죽도록 내버려 두서도 아무 상관이 없으셨습니다. 그러나 은혜로우신 하나님은 모든 인류가 죽어야 하는 것을 그냥 두고 보지 않으시고 그들 중 얼마를 구원받도록 선택하셨습니다. 그리고 그들을 위해서 예수님을 보내셨습니다.

　선택받은 자들에게 복음이 전해졌을 때, 그들에게 일어나는 가장 우선적인 변화는 자신이 얼마나 큰 죄인인가를 깨닫게 되는 것입니다. 하나님은 이를 위해서 율법을 사용하십니다. 십계명을 위시한 하나님의 율법을 들을 때, 선택받는 자들은 자신들이 얼마나 큰 죄인임을 깨달아 알게 됩니다. 하나님이 지으신 피조물임에도 하나님의 명령을 따르지 않고 자신을 사랑하기 위해 살아가던 이전의 생활이 큰 죄악으로 여겨지게 되고, 자신이 어쩔 수 없는 죄인임을 깨달아 알며, 자신의 내면에는 그 죄에서 벗어날 수 있는 능력이 전혀 없음을 깨닫게 되고, 자신을 구원할 구원자가 필요함을 절감하게 됩니다. 그리고 하나님은 그 구원자에게 택자들이 나아가 의지하도록 의지를 북돋아 주십니다. 하나님의 성령이 택자들 안에서 이 모든 일을 이루십니다.

그렇게 구원자에게 나아간 자들에게 하나님은 은혜를 주십니다. 하나님은 그들을 의롭다 여겨주시고, 양자로 삼아주시며, 거룩하다 인정해주십니다. 우리가 예수님을 믿을 때, 우리의 모든 죄는 예수님께 전해져서 십자가 위에서 없어지며, 예수님의 의는 우리에게 전해져서 하나님 앞에 의인으로 설 수 있게 됩니다. 이런 은혜를 받은 자들은 자신이 하나님의 사랑받는 자녀임을 알고 기뻐하며 평화를 누리게 됩니다.

구원을 위한 성령님의 사역

예수님은 십자가에서 죽으시고 부활하심으로 우리의 구원을 이루셨습니다. 그렇다면 그 구원을 우리 각자에게 적용하시는 분은 누구실까요? 그분은 바로 성령님이십니다. 예수님은 우리가 물과 성령으로 거듭나야 (요한복음 3:5) 하나님 나라를 볼 수 있다고 가르치셨습니다. 성령님이 그 안에서 역사하셔야 택자들은 비로소 예수님을 믿고 죄와 죽음의 저주로부터 구원을 받을 수 있습니다.

성령님이 하시는 일은 무엇일까요? 첫 번째로 그분은 보혜사(保惠師)로서 진리의 영이 되십니다. 그분은 하나님의 영으로서 그분의 가장 깊은 속을 알고 계시며, 예수님이 가르치셨던 것을 우리에게 생각나게 하시고 깨닫게 하시는 분이십니다(요한복음 14:26).

두 번째로 그분은 우리를 설득하시는 분이십니다. 그분은 우리에게 예수님이 누구신지를 알게 하시며 그분을 받아들이고 믿도록 설득하십니다. 그리고 그 설득하시는 방법은 언제나 말씀입니다. 말씀을 듣고 읽는 자들 안에서 성령님은 설득하시고 역사하셔서 예수님을 믿어 구원에 이르게 하십니다.

생각해봅시다.

1. 예수님이 참된 하나님이라는 사실이 어떤 의미를 가지는지 깊이 생각해봅시다.

2. 복음서를 읽어보고 예수님의 일생을 간략히 한두 줄 정도로 정리해 봅시다.

3. 선택받은 자들이 복음을 들은 후 일어나는 세 단계를 배웠습니다.
   나는 지금 어디쯤 있을까 생각해봅시다.

4
forth week

구원받은 자들은
어떻게
살아야 합니까?

        지금까지 우리는 하나님이 어떤 분이신지, 하나님의 피조물인 인간이 어떤 존재인지, 우리를 구원하시는 예수님이 어떤 분이신지에 대해서 살펴 봤습니다. 그렇다면, 하나님의 피조물로서, 예수님의 십자가로 구원받은 존재로서, 우리는 어떻게 살아야 할까요? 하나님이 살아계시고, 자신이 죄인이고, 그리스도로 말미암아 구원받은 자들은 이전과 같은 모습으로 살아서는 안됩니다. 성경에서 구원받은 자들이 어떻게 살아야 한다고 가르치는지 살펴봅시다.

예배

성경은 인간을 향한 하나님의 뜻을 잘 드러내 보여줍니다. 그리고 성경에서 보여주는, 모든 시대를 뛰어넘어 모든 사람에게 주어진 하나님의 명령은 십계명에 잘 요약되어 있습니다. 십계명은 크게 두 부분으로 나뉘어 있는데 그중 첫 번째 부분은 하나님에 대한 의무이고, 이는 예배에 대한 명령으로 이해할 수 있습니다. 하나님은 인간을 하나님의 영광을 위해 살아야 하는 존재로 창조하셨습니다. 인간이 하나님께 영광을 돌릴 수 있는 첫째이자 가장 중요한 방법은 바른 예배를 드리는 것입니다.

우리는 이미 하나님이 유일하신 신이시고 세상의 창조주이심을 배웠습니다. 우리의 예배의 대상은 전적으로 하나님 한 분이 되어야 합니다. 하나님은 유일하신 신이시기 때문에 어떤 피조물의 모양으로도 바꿀 수 없습니다. 때로 우리는 하나님께 드리는 예배를, 우리가 원하는 어떤 것을 얻기 위한 도구로 사용할 때가 있습니다. 우리가 원하는 그런 모든 것들도 다 우상임을 기억해서 우리의 소원이 아닌 하나님만을 섬기고 예배해야 합니다. 그리고 우리는 하나님께 예배하기 위해서 특별히 하루를 하나님께 드리는 날로 삼아야 합니다. 보통은 일요일을 주일, 주님의 날이라 부르며 그날 모여 예배하고 하나님을 섬깁니다. 이는 일요일 하루만 하나님의 날이고 나머지는 내가 임의로 사용할 수 있는 날이라서가 아니라, 모든 날이 하나님의 것이지만 그중 하루는 특별히 하나님만을 위해서 사용해야하기 때문이고, 그것을 통해서 나머지 날들도 하나님의 날임을 드러내야하기 때문입니다.

우리 믿음의 선배들은 하나님께 드리는 예배를 위해서 자신의 모든 것을 바쳐왔고, 지금도 수없이 많은 사람이 박해와 억압 가운데서 예배를 위해 목숨을 걸고 있습니다. 우리도 그와 같이 하나님께 드리는 예배를 위해서 최선을 다해야 합니다.

이웃사랑

십계명의 두 번째 부분은 이웃을 사랑하라는 가르침입니다. 우리가 하나님을 우리의 창조주이자 주님으로 섬기기 원한다면, 이웃을 사랑해야 합니다.

먼저 우리는 같은 교회에 속한 형제, 자매들을 사랑해야 합니다. 예수님을 머리로 하고, 나와 모든 형제 자매들이 각 몸의 부분을 이루고 있는 것이 바로 교회입니다. 형제, 자매들의 슬픔은 바로 나의 슬픔이고, 그들의 기쁨은 바로 나의 기쁨입니다. 또한 우리가 서로 사랑할 때, 세상은 우리를 보고 하나님이 살아계시며, 우리가 주님의 제자인줄을 알게 됩니다(요한복음 13:35).

또 우리는 우리의 이웃을 사랑해야 합니다. 예수님은 그들을 사랑하

되, 우리에게 잘 해주는 친구들만을 사랑하라고 하지 않으시고 원수까지도 사랑하라고 하십니다. 겉옷을 달라고 하는 자들에게 속옷도 벗어주고 오 리를 가자는 사람에게 십 리까지 함께 가주라고 명하십니다. 또한 왼뺨을 치는 자에게 오른뺨을 돌려 대며, 박해하는 자를 위해서 기도하라고 말씀하십니다(마태복음 5:39~48).

  그리고 우리는 세상의 고난당하고 박해 받는 자들을 사랑해야 합니다. 가난한 자들에게 먹을 것과 입을 것을 나눠주며 말로만이 아니라 그들에게 실제적인 도움을 줘야 한다고 성경은 가르치고 있습니다(야고보서 2:16). 또한 이 땅의 압제받고 고난당하는 자들을 돌아보며 그들을 도우라 말씀하십니다. 예수님은 마음이 상한 자를 고치고 포로 된 자에게 자유를, 갇힌 자에게 놓임을 전파하며, 슬픈 자를 위로하기 위해 오셨습니다(누가복음 4:18~21, 이사야 61:1, 2). 우리도 예수님의 뒤를 따라 이런 일들을 행해야 합니다.

말씀

  지금까지 이 책을 통해 공부하면서, 하나님은 우리가 알고, 믿고, 지켜야 할 모든 것을 모두 성경을 통해 우리에게 주셨다는 사실을 알게되었을 것입니다. 우리는 하나님의 뜻을 알고, 그것에 순종하기 위해서 꾸준히 성경을 읽어야 합니다.

모든 성경은 인간의 지혜가 아니라, 하나님의 영감으로 쓰였습니다. 그리고 성경은 그것을 읽는 사람들을 교훈하고 책망하며 바르게 하고 의로 교육합니다(디모데후서 3:16). 그러므로 하나님을 믿고 섬기기 원하는 우리들은 성경을 읽어야 하며 그 내용을 이해하기 위해서 힘써야 합니다.

주님의 말씀은 하루하루 걸어가는 우리 삶의 발밑을 비추는 빛이고 우리 인생길을 바로 걸어가고 있는지 살피게 돕는 등불입니다(시편 119:105). 그러므로 우리가 인생을 제대로 살아가고 있는지 확인하고 바른 길을 알고자 한다면 성경을 읽어야 합니다. 우리는 성경을 통해서 우리의 인생을 점검받고 지도받아야 합니다.

그렇다면 우리는 성경을 어떻게 읽어야 할까요? 첫 번째로 우리는 성경을 대충대충 읽어서는 안 됩니다. 물론 통독을 위해서 빠른 속도로 전체를 읽어내려 가는 것도 좋지만, 그것만큼이나 성경을 세심하게 읽고 그것이 무슨 뜻인가를 생각하는 습관이 필요합니다(베드로전서 1:10, 11). 두 번째로 우리는 성경을 간절한 마음으로 받아들여야 합니다. 성경 안에 어떻게 하나님을 섬길 것인지, 어떻게 우리의 인생을 살 것인지 하는 물음에 답이 있습니다. 그 답을 간절히 찾고 찾으며 읽어야 합니다(사도행전 17:11). 세 번째로 성경을 읽을 뿐 아니라 그 말씀이 진정한 하나님의 말씀임을 인정하고 순종하며 실천해야 합니다. 순종이 제사보다 낫고 듣는 것이 숫양의 기름보다 낫다는 말씀을 항상 기억해야 합니다(사무엘상 15:22).

기도

하나님을 믿는 자들이 해야 할 또 하나의 의무는 기도입니다. 기도의 중요성은 아무리 강조해도 지나치지 않습니다. 성경에 등장하는 하나님의 백성은 기도하는 사람들이었고, 역사상 위대한 믿음을 보였던 신앙의 선배들도 모두 기도하는 사람들이었습니다. 기도하지 않으면 하나님의 뜻을 알 수도 없고 그 뜻에 순종할 수도 없습니다.

특별히 예수님은 우리에게 기도의 본을 보이셨습니다. 그분은 하나님의 아들이시며 삼위 하나님이셨습니다. 어쩌면 가장 기도할 필요가 없는 사람이 바로 예수님이었습니다. 그러나 예수님은 모든 일을 기도로 준비하시고 시작하셨습니다. 예수님은 새벽에 기도하셨으며(마가복음 1:35), 밤이 새도록 기도하시기도 하셨습니다(누가복음 6:12). 공생애를 시작하시기 전에 금식하시며 기도로 준비하셨고(누가복음 4:1), 십자가를 지시기 전날 밤에도 땀이 피가 되도록 기도하셨습니다(누가복음 22:39~44). 우리도 예수님을 닮아 기도에 힘써야 합니다.

예수님은 우리가 얼마나 연약한 자들인지를 잘 아시기 때문에 어떻게 기도해야 할지를 친히 가르쳐 주셨습니다. 기도에 관한 예수님의 가르침은 주기도문에 잘 나와 있습니다. 주기도문의 내용처럼 우리는 하나님의 영광을 위해서 그 나라가 이 땅 가운데 임하기를 하나님의 뜻이 이루어지기를 위해서 기도해야 합니다. 하루 하루 먹을 양식을 위해서 기도하며 죄사함을 위해서 기도하고 시험에 들지 않고 악에서 건져 주시기를 기도해야 합니다.

또한 우리의 기도는 욕심에서 우러나오는 것이 되어서는 안됩니다. 기도해도 하나님께 얻지 못하는 이유는 우리의 욕심 때문입니다(야고보서 4:3). 우리의 기도는 하나님 나라와 하나님의 뜻을 구하는 것이 되어야 합니다. 하나님의 피조물인 우리의 인생을 통해 하나님 나라와 그분의 뜻이 이루어진다면 그것보다 더 좋은 것은 우리에게 있을 수가 없기 때문입니다.

전도

하나님을 믿는 우리들에게 요구되는 또 다른 것은 바로 전도입니다. 예수님이 승천하시기 전에 마지막으로 그들에게 당부하신 것이 바로 전도입니다(마태복음 28:20, 사도행전 1:8). 세상 끝 날까지 예수님께서 우리와 함께 계시고, 성령님을 우리에게 보내서서 우리에게 권능을 주시기 때문에 우리는 예수님을 세상 끝까지 전파해야 합니다.

우리가 전파해야 할 내용은 무엇입니까? 그것은 복음입니다. 세상을 창조하신 하나님이 계시며, 우리는 그분으로부터 지음받았지만 그분을 거절하였고, 그 죄로 인해 죽어야 할 우리를 대신해서 예수님이 죽으셨으며, 그분께서는 부활하심으로 모든 죽음의 권세를 깨뜨리고 승리하셨음을 전해야 합니다. 다른 복음은 없습니다. 오직 예수 그리스도의 죽음과 부활만이 우리의 전할 내용이 되어야 합니다.

이 전도의 일에 성령님이 함께 하심을 믿어야 합니다. 성령님은 보혜사로서 우리를 위로하시고 도와주시기 위해 이 땅에 보내심을 받았습니다. 그분이 우리와 함께 하시기에 우리는 담대히 나가서 복음을 전할 용기를 얻게 됩니다. 또한 다른 사람들 앞에서 무슨 말로 복음을 전해야 할지 두려워할 필요가 없습니다. 성령님이 우리에게 예수 그리스도의 가르침을 생각나게 하시고, 그것을 전할 때 말할 내용을 우리 입에 주시기 때문입니다. 전도하라는 명령에 순종하면 됩니다. 이것은 부끄러운 것도, 어려운 일도 아닙니다.

이외에도 우리가 하나님을 믿는 자녀로서 살기 위해 순종해야 할 일들이 있습니다. 여기서는 간략하게 가장 중요한 내용들만을 살펴 봤습니다. 앞으로 교회에 다니면서 더욱 많은 것을 배우고 깨닫고 실천하게 될 것입니다. 하나님의 말씀에 항상 순종하는 앞으로의 신앙 여정이 되길 바랍니다.

생각해봅시다.

1. 예배에 적합한 태도가 어떤 것인지 생각해 보고 서로 이야기해 봅시다.

2. 하나님의 말씀을 읽고 연구하기 위해 하루에 어느 정도의 시간을 할애할 수 있을지 생각해 보고 최소한 하루에 한 장 이상 성경을 읽겠다고 결단합시다.

3. 하루에 얼마나 기도하며 하나님을 섬길지 생각하고, 기도의 시간을 정합시다.

Memo

마치며.

지금까지 우리는, 기독교 신앙이 어떤 것이며, 그 신앙을 가진 사람들이 어떻게 살아야 할지를 간략하게 살펴 봤습니다. 하나님은 창조주이시고 우리의 주인이라는 사실을, 그분의 형상을 따라서 우리가 지음받았다는 사실을 배웠습니다. 인간은 피조물임에도 교만하여서 하나님을 떠나는 죄를 저질렀고 그 죄로 인해서 죽어야 한다는 사실을 배웠습니다. 또 하나님의 아들이신 예수 그리스도께서 인간을 위하여 이 땅에 내려오셨고 십자가를 지시고 대신 죽으셨으며 부활하셨음을, 그분을 믿는 자들만이 구원을 받게 된다는 사실도 알게 되었습니다.

또한 그렇게 예수님을 믿고 구원을 받은 자들은 하나님을 사랑하여 예배해야 한다는 것을, 하나님의 명령에 순종하여 이웃을 사랑해야 함을 배웠습니다. 성경을 읽고 연구하고 순종함으로 하나님의 뜻대로 살아가야 함도 알게 되었고 기도로 이 모든 일을 이루어야 함을 배웠습니다. 그리고 마지막으로 우리를 구원하신 예수 그리스도를 전파해야 한다는 사실도 알게 되었습니다.

이 책에 나오는 내용은 우리 믿음의 아주 기초적이며 작은 부분만을 이야기하고 있습니다. 믿음의 세계는 넓고 넓은 우주와 같아서 배우고 배워도 끝이 없습니다. 아침마다 새롭고 늘 새로운 것이 하나님의 사랑입니다. 죽음을 향해서 달려가던 발걸음을 멈추고 이 생명의 길에 들어선 여러분을 축하하고 환영합니다. 그 길에서 날마다 하나님의 사랑을 경험하고, 그분과 동행하는 삶을 사시길 바랍니다.

앞으로도 계속해서 예배에 참석하고, 교회에서 베푸는 말씀의 자리에 나오셔서 믿음의 더 많은 세계를 경험하시고 배워가십시오. 바른 믿음을 가지시기 위해서 항상 교회의 교역자들에게 물으시고 바른 진리를 들으십시오. 세상의 유혹에 몸을 던지지 마시고 순결하고 거룩한 주님의 사람이 되십시오. 하나님이 여러분의 앞날에 복 주시기를 기도하며 우리의 이야기를 마치겠습니다.

저자 **정요한**

총신대학교 신학과, 동대학원 기독교교육학 석사
프랑스 스트라스부르2대학, 고등연구원에서 수학
현 프랑스 아미엥 쥘 베른 대학 교육학 박사과정
총체적복음사역연구소 교육교재연구실장
대한예수교장로회 제자교회 청년부 담당

신앙 생활의 첫 걸음

초판 1쇄 발행일 2016년 6월 17일

지은이   정요한
펴낸이   김학룡
펴낸곳   엔크리스토
마케팅   이동석, 유영진
관리부   김동인, 신순영, 정재연, 박상진, 이은성

출판등록 2004년 12월 8일(제2004-116호)
주소   경기도 고양시 일산동구 장대길 74-10(장항동)
전화   031-906-9191
팩스   0505-365-9191
이메일   9191@korea.com
공급처   기독교출판유통

ISBN 979-11-5594-026-6

잘못된 책은 바꾸어 드립니다.
책값은 뒤표지에 있습니다.